PIERRE DUPONT

EN VENTE CHEZ LE MÊME LIBRAIRE

CONFESSIONS DE MARION DELORME

PAR EUGÈNE DE MIRECOURT

60 livraisons à 25 centimes, avec gravures.
18 fr. l'ouvrage complet par la poste.

PIERRE DUPONT

LES CONTEMPORAINS

PIERRE DUPONT

PAR

EUGÈNE DE MIRECOURT

PARIS
GUSTAVE HAVARD ÉDITEUR
15, RUE GUÉNÉGAUD, 15
L'Auteur et l'Éditeur se réservent tout droit de reproduction.
1856

PIERRE DUPONT

Béranger ne chante plus. Il laisse la carrière libre, et voici qu'un nouveau poëte, jeune et plein de verve, aspire à son héritage. En France, patrie de la chanson, deux ou trois refrains illustrent un homme et le mènent le plus gaiement du monde à l'immortalité.

Pierre Dupont va donc entrer dans notre galerie, et par droit de conquête et par droit de talent.

C'est une de ces renommées fraîchement écloses, que le public demande à étudier avec nous. Il y a dans sa manière une originalité saisissante, quelque chose d'étrange et de fantasque, uni à une simplicité rare, à un naturel parfait. Comme peintre de genre, il pèche quelquefois par la pureté du dessin ; mais ses couleurs sont toujours vraies, quand il ne s'écarte pas des limites de sa perspective.

Du reste, nous n'en sommes pas encore à l'appréciation de ses œuvres. La notice biographique doit précéder la critique littéraire.

Pierre Dupont est né le 23 avril 1821, à Lyon, sur le quai du Rhône.

Le premier reflet qui vint illuminer ses yeux fut le reflet rougeâtre d'une forge. Sa mère le berça au bruit du marteau sur l'enclume.

Forgerons de père en fils, les aïeux de celui dont nous écrivons l'histoire ne se doutaient pas qu'un de leurs descendants quitterait le noir tablier de cuir et les tenailles rugueuses pour, ne limer que le vers, ne marteler que l'hémistiche et ne forger que la rime [1].

Dès son âge le plus tendre, Dupont reçut une secousse terrible.

---

[1] Le père du chansonnier était natif de Provins. Dans cette ville résident encore beaucoup de membres de la famille de Pierre Dupont.

Jouant avec un autre petit garçon, il le renversa par mégarde du haut d'un marche-pied. La tête de son camarade alla frapper contre l'angle d'un mur.

Le malheureux enfant expira sur le coup.

Pierre fut saisi d'une telle épouvante, qu'il tomba tout aussitôt dans le délire, et resta deux semaines entières entre la vie et la mort.

A peine s'il avait trente-deux mois lors de ce fatal événement. Son enfance fut couverte d'un voile funèbre, et son caractère prit une teinte de mélancolie, que toujours il a conservée par la suite, et dont ses œuvres mêmes portent le cachet.

Sa mère, pieuse et digne femme, lui apprit à lire dans les livres saints [1].

---

[1] Le poëme des *Deux Anges*, premier essai de la

Elle commençait à former ce jeune cœur aux impressions les plus naïves et les plus pures de la foi chrétienne, quand tout à coup on la vit périr elle-même, victime d'une catastrophe effrayante.

Marchant, un soir, dans l'obscurité, elle tomba au fond d'une cave, restée ouverte, et ne survécut pas à cette chute.

Un vieux prêtre, curé d'un village à deux lieues de Lyon [1], recueillit l'orphelin

musé de Pierre Dupont, contient, sinon de grandes beautés poétiques, du moins beaucoup de détails de son histoire. Nous y trouvons le passage suivant :

> Il fallait voir la mère, indiquant à ses yeux
> L'image de Jésus et celle de Marie,
> Faire éclore leurs noms sur sa lèvre fleurie.
> Et dans la vieille Bible aux feuillets illustrés,
> Où brillaient parmi tous, azurés et dorés,
> Les images de David qu'on connaît à sa lyre,
> Ces noms furent aussi les premiers qu'il sut lire.

[1] Le curé de Rochetaillée-sur-Saône. Ce prêtre avait tenu Pierre Dupont sur les fonts de baptême. C'était un parent de son père.

et se chargea de son éducation, jusqu'au jour où il serait en âge d'entrer au séminaire.

Il lui enseigna les premiers éléments de la langue latine.

Dupont servait la messe, déclinait ROSA, *la rose*, jusqu'à midi, et courait le reste du temps dans les prés et sous les bois.

Lorsqu'il eut atteint sa neuvième année, on le reçut au collége ecclésiastique de Largentières, où il resta jusqu'en 1837, venant chaque année passer les vacances chez le vieux prêtre, dont la protection bienveillante le suivait toujours.

Un peu gâté au presbytère, Dupont se révolta d'abord contre la discipline et l'étude.

Pendant le rigoureux hiver de 1829,

son professeur l'exilait, pour le punir, près de la fenêtre la plus éloignée du poêle, tout au bout d'une salle destinée aux expériences de physique. On le condamnait à rester là jusqu'à ce qu'il eût appris par cœur une fable de la Fontaine.

Les grands élèves, le voyant grelotter et souffler dans ses doigts, se moquaient de lui.

Dupont trouva le procédé malhonnête.

Au lieu d'étudier sa fable, il se mit à en composer une, qu'il intitula pompeusement les *Physiciens, le rat et la machine pneumatique*. Il jouait le rôle du rat, plaçait en scène à côté de lui les élèves railleurs et les ridiculisait de son mieux.

L'attaque était aussi courageuse que plaisante.

Les physiciens battus prirent le petit fabuliste en amitié. Ils obtinrent qu'on le rapprochât du poêle, et l'un d'entre eux, qui avait quelques prétentions à l'esprit, affirma que Dupont travaillerait dès lors avec beaucoup plus de chaleur.

Élevé par une mère dévote et par un prêtre, admis dans un séminaire où l'on achevait de lui inculquer les principes chrétiens, le fils du forgeron, par la plus étrange de toutes les fantaisies qui aient jamais pu traverser une imagination d'enfant, s'avisa un beau jour d'embrasser le paganisme.

Une *Histoire des douze grands dieux*, enrichie de gravures en taille-douce, était tombée, nous ne savons trop comment, entre les mains de notre élève de septième.

Dupont regarda Jupiter, et Jupiter lui parut magnifique, avec sa barbe solennelle, son aigle et sa foudre.

Neptune, armé de son trident, Minerve, coiffée de son casque, Apollon, monté sur son char de lumière, Vulcain lui-même, le Dieu boiteux et basané, qui lui rappelait l'enclume paternelle, tous ces héros de l'Olympe le séduisirent par leur bonne mine, et quand il aperçut Vénus, la gracieuse reine de Cythère, il déclara qu'elle aurait à l'avenir toutes ses adorations.

La chose, comme on le voit, devenait fort grave.

Agé tout au plus de dix ans, cet autre Julien l'Apostat relevait les idoles.

Il vanta sa doctrine à cinq ou six élèves de sa classe.

Trouvant comme lui Vénus charmante, ceux-ci lui vinrent en aide pour construire, au fond du jardin du séminaire, un autel à la blonde déesse.

Jugez de l'esclandre, quand Dupont fut surpris avec ses camarades en flagrant délit de culte païen !

Le supérieur appela nos jeunes idolâtres au confessionnal. Ils comprirent l'abomination de leur conduite, se frappèrent la poitrine, pleurèrent le péché qu'ils avaient commis, et brulèrent l'*Histoire des douze grands dieux,* cause de tout ce scandale.

Revenu à la foi chrétienne, Dupont fut saisi d'une peur terrible de l'enfer.

Ne sachant comment expier sa faute, et

voulant à tout prix obtenir le pardon céleste, il se condamna aux plus rudes mortifications. La nuit, il dormait sur les planches d'une vieille malle, qu'il avait déclouées tout exprès pour lui servir de matelas, et, le jour, à l'heure des récréations, il mettait des cailloux dans ses souliers pour jouer aux barres.

Il s'informa où il pourrait se procurer un cilice.

Mais son confesseur jugea convenable de réprimer cet excès de pénitence. Il lui démontra que le moyen le plus efficace de racheter ses torts et d'oublier le culte de Vénus était de se livrer à l'étude avec assiduité.

Dupont se le tint pour dit.

Ses maîtres n'eurent plus à lui adresser

le moindre reproche. Tous les ans il remporta les prix de sa classe, et plusieurs fois il fut couronné au grand concours des trois séminaires réunis du diocèse.

Le curé, son protecteur, le destinait à l'état ecclésiastique.

Mais le jeune homme entrevoyait d'autres horizons. S'il ne dressait plus d'autels à la blonde Cypris, il avait conservé de ses vieilles tendresses mythologiques un goût très-prononcé pour les muses. Comme ses professeurs ne lui en faisaient pas un crime et lui donnaient au contraire des leçons de poésie, Dupont s'abandonna sans scrupule au souffle qui lui arrrivait du Parnasse [1].

---

[1] Il étudiait en même temps la botanique. Les fleurs et les plantes lui inspirèrent ses premiers chants.

Or le poëte est naturellement rêveur, et le rêve conduit quelquefois plus loin qu'on ne pense.

Il entraîna notre héros hors du séminaire, au grand désespoir du vieux prêtre, qui l'avait élevé pour la gloire de l'Église et non pour la gloire des lettres.

— Malheureux! lui dit-il, mais tu cours à la damnation!

— Pourquoi? demanda le jeune homme. Avant mon départ, j'ai consulté le grand vicaire, et je lui ai franchement exposé mes craintes. Il m'a répondu : « Va, mon garçon, marie-toi. »

— Te marier à seize ans! dit le vieillard scandalisé. Miséricorde! dans quel siècle vivons-nous!

— Oh ! j'attendrai bien un an ou deux, fit Dupont. Cela ne presse pas.

— Ainsi, je dois renoncer à te voir prêtre ?

— Oui.

— Eh bien ! tu seras canut [1] !

— Par exemple !

— Tu seras canut, te dis-je ! et tu vas me suivre à la ville sans plus de retard.

Il fallut obéir.

C'était cruel pour le pauvre jeune homme qui avait obtenu de brillants succès dans ses classes, et qui se croyait destiné à tout autre chose qu'à tisser la soie entre les quatre murs d'un de ces misérables gre-

[1] Nom donné vulgairement à Lyon aux ouvriers qui travaillent la soie.

niers où s'entassent à Lyon les populations laborieuses.

Le curé passa marché avec un maîtr de fabrique, lequel engagea notre séminariste fugitif, en qualité d'apprenti canut pour cinq ans.

Dupont resta cinq jours à l'atelier, et prit la fuite.

— Croyez-vous, mon oncle [1], dit-il, revenant tout essoufflé au village, qu'il soit agréable de n'avoir pour nourriture que du pain bis et des haricots rouges?

— Non, mais rentre au séminaire!

— Étiez-vous convenu qu'on me ferait monter des seaux, du matin au soir, jusqu'au sixième étage?

[1] Il appelait ainsi le curé de Rochetaillée-sur-Saône.

— Rentre au séminaire !

— Vous ne souffrirez pas, j'imagine, que les autres canuts me traitent comme un domestique ?

— Rentre au séminaire ! rentre au séminaire !

— Vous y tenez donc beaucoup, mon oncle ?

— J'y tiens pour ton salut, pour ton bonheur, pour ton avenir.

— Écoutez, fit Dupont, prenons un arbitre.

— Quel arbitre ?

— Madame la comtesse D'....

— Je le veux bien ! s'écria le vieillard avec joie.

C'était une vieille châtelaine du voisinage dont il dirigeait la conscience. Il pensait en être sûr comme de lui-même, ne sachant pas que le malin séminariste venait de passer chez elle et de la mettre dans ses intérêts.

— Justement, fit Dupont, j'entends son carrosse.

En effet, la châtelaine parut.

On la pria de trancher la question. Le curé plaida pour le séminaire; le jeune homme plaida contre et dit à celle qui devait juger le différend :

— Voyons, décidez, madame la comtesse.

— Je décide, répondit-elle, que ton oncle va te donner cent écus et la clef des champs.

— Mais, voulut objecter le vieux prêtre...

— Ah! silence, curé, silence! Il n'y a point d'appel. Cent écus vite, et la bride sur le cou! Pierre a de l'énergie, du cœur, des principes religieux et du talent : qu'il se fasse un sort, l'avenir est devant lui.

— Hélas! soupira le pauvre curé.

Il ouvrit son armoire, tira quinze louis d'une bourse de cuir, et les donna au jeune homme en disant :

— Que Dieu te conduise et te ramène!

Voilà donc notre héros en liberté. Trois jours après, il entrait chez un notaire de Lyon.

Mais il n'y demeura pas longtemps.

Les clercs en compagnie desquels il se

trouva l'effrayèrent par leurs discours
profanes et par le déréglement de leurs
mœurs. Il restait à Dupont beaucoup de
candeur, avec une crainte salutaire du feu
éternel ; sa résolution fut bientôt prise.

Il quitta sa place pour en chercher une
autre, et fut admis presque aussitôt dans
une maison de banque.

Cette maison, comme l'a dit M. Charles
Baudelaire, dans une notice que nous
avons sous les yeux, n'était pas un *grand
étouffoir aux hideux cartons verts pleins
de crimes inconnus*; c'était une demeure
patriarcale où la religion de la probité se
perpétuait traditionnellement de père en
fils. Dupont n'y trouva pas la *régularité
cruelle, implacable, d'une maison de
commerce*, mais bien l'ordre dans les

affaires et l'exécution fidèle des contrats.
Il n'y fut point en butte à une *odieuse
tyrannie*, on le traitait au contraire avec
la plus parfaite bienveillance, avec toutes
sortes d'égards. Il y reçut la première
teinture du monde, les premiers éléments
de la vie sociale : on le regardait comme
l'enfant de la maison. Sur les *grandes
feuilles de papier à lignes rouges* destinées aux chiffres, il arriva plus d'une fois
à Dupont d'écrire des vers, que le terrible
banquier lisait, en souriant, par-dessus
l'épaule de son commis.

Nous conseillons à M. Charles Baudelaire de chercher partout ailleurs l'origine
de la haine de Pierre Dupont pour le despotisme. S'il lui fallait absolument une
explication aux *Chants de liberté* du poëte,

celle qu'il a trouvée là n'est pas heureuse.

Il est vrai que notre héros a porté des chaînes à cette époque, mais il les portait avec délice.

Pour la première fois le sourire d'une femme éclairait sa vie.

> Il aime, folie extrême,
> Enfant de rien,
> La fille même
> Du baron chrétien.
> A sa fenêtre il l'a surprise
> Se regardant à son miroir;
> Il erre du parc à l'église,
> Dans les taillis, pour l'entrevoir;
> Elle est grande, leste et mignonne.
> De la chevelure au soulier
> On voit qu'elle est une baronne,
> Et lui n'est rien qu'un écolier.

Le discret poëte emprunte vainement ici le voile du moyen âge, il ne réussit pas à nous cacher ses amours.

A l'âge de dix-huit ans, et comme il était encore chez le banquier féroce dont parle M. Charles Baudelaire, Pierre Dupont devint amoureux d'une dame de très-haut parage, qui fut pour lui, disons-le sans crainte, la Laure de Pétrarque et la Béatrix du Dante.

Cet amour fut trop chaste et trop candide pour que celle dont nous parlons rougisse de l'avoir fait naître.

Quand deux beaux yeux ont échauffé le génie d'un poëte, ils rayonnent d'orgueil et de bonheur, et ne se baissent jamais devant une fausse honte.

Chaque matin, Dupont se levait avant le soleil.

Il allait chez les jardiniers du faubourg cueillir lui-même des fleurs, qu'il rapportait tout humides des larmes de l'aurore, et qu'il déposait avec une pièce de vers sur la fenêtre de la bien-aimée.

Puis il se retirait à quelque distance pour guetter le réveil.

Bientôt la fenêtre s'entr'ouvrait; une petite main fine et blanche s'avançait timidement, prenait les fleurs, disparaissait avec l'offrande matinale, et, le lendemain, c'était une autre pièce de vers et un autre bouquet.

Ce doux manége dura six mois.

La grande dame chantait comme une sirène et s'accompagnait merveilleusement: Dupont se mit à chanter pour lui faire écho.

Rentré dans sa modeste chambre, il reprenait une à une les mélodies savantes qu'il venait d'entendre ; il les reproduisait fidèlement, sans connaître une note, sans avoir la moindre idée de la méthode musicale, avec la seule inspiration de son cœur.

La grande dame était aristocrate et fort attachée aux Bourbons en exil : Dupont devint, par contre-coup, chaud légitimiste.

Quand M. de Dreux-Brézé protesta solennellement, à la Chambre des pairs, en 1838, au nom du comté de Chambord, notre poëte amoureux, sachant que sa belle était abonnée à tous les journaux de couleur blanche, envoya, pour adhérer à la protestation, une longue tirade poétique, facile à trouver et à lire, si l'on veut bien feuilleter comme nous la collection de la *Gazette de France*.

Une autre pièce de vers légitimiste fut adressée, peu de temps après, par Pierre Dupont au même journal, à l'occasion du baptême du comte de Paris.

Et vous poussez des clameurs quand nous refusons de prendre au sérieux l'opinion des hommes?

Allons donc!

Passez du blanc au rouge et du rouge au bleu, changez de bannière comme de chemise, écrivez pour, écrivez contre; mais n'essayez pas de nous regarder sans rire. Arlequin danse et dansera toujours.

Une femme tient le fil, vous êtes au bout.

Dansez, messieurs, dansez! Pour le plus grand nombre de ceux qui me lisent, comme pour notre poëte, la politique n'est qu'une affaire d'amour et de chansons.

Écrire des vers tous les matins à celle qu'on aime, voilà sans contredit un moyen sûr de chausser l'éperon poétique et de mettre Pégase au galop.

Une circonstance inattendue vint augmenter encore l'enthousiasme de Pierre Dupont pour la rime.

Rachel donnait des représentations à Lyon. La sublime actrice débutait dans les *Horaces*, et le commis banquier s'aperçut que les vers de Corneille étaient fort beaux.

Il fit part de cette découverte à mademoiselle Rachel, dans une longue épître qu'il lui adressa.

Quelques jours après, la municipalité lyonnaise ayant décerné une couronne d'or à la tragédienne, celle-ci invita Pierre Dupont à souper en compagnie des premiers magistrats de la ville. Elle parla très-éloquemment de Corneille au dessert et acheva de convaincre son jeune convive du mérite réel de l'auteur du *Cid*.

— Je serai décidément poëte ! il n'y a rien au-dessus du poëte ! s'écria Pierre Dupont.

Ses amours ne battaient alors que d'une aile.

On ne voyait plus ni bouquet à la fenêtre, ni jolie main pour le prendre. Des indiscrets, comme cela n'arrive que trop souvent, se jetaient au travers de cette douce intrigue. On jasait, la médisance allait le diable, et l'amoureux perdait la tête.

Les bûcherons de la vallée
Montrent au doigt le jeune fou ;
Sa chevelure, échevelée
A tous les vents, bat sur son cou.

C'est le cas ou jamais de faire du moyen âge et du chevaleresque.

Dupont sollicite un congé de quinze jours, son banquier le lui accorde.

Le jeune homme adresse un mystérieux et suprême adieu à la chère fenêtre qui lui a donné tant de joies. Son âme saigne, il pleure toutes ses larmes ; bien-certainement il en mourra. « N'importe, se dit-il, mourons ! mais qu'elle ne soit plus compromise. »

Et voilà notre poëte en fuite. Lyon ne devait plus le revoir.

On conviendra que ceci est de l'héroïsme pur et simple.

Où allait-il? quel vent enflait sa voile?

Toutes réflexions faites, il songea que la mort ne remédiait à rien.

Je veux qu'on parle de moi, pensait Dupont; je veux que mon nom lui revienne sonné par toutes les trompettes de la gloire. Vive Paris! c'est le grand berceau des arts, la source de l'inspiration, le foyer de l'enthousiasme. A Paris on devient illustre, je vais à Paris!

Il avait commencé déjà son poëme des *Deux Anges*.

Quelques mois lui suffiront pour compléter son œuvre. Un éditeur la lui achètera nécessairement au poids de l'or. Fortune et renommée l'attendent.

Hélas! hélas! que de tristes réveils suivent ce beau rêve que nous avons fait tous!

Installé à Paris, Dupont chercha vainement à obtenir des journaux l'insertion de quelques-unes de ses bluettes amoureuses. Abordait-il un rédacteur en chef, celui-ci le recevait avec un superbe dédain, ne lisait même pas ses vers, ou lui répondait : « J'ai mes poëtes ! » Absolument comme d'autres disent : « J'ai mes pauvres ! »

S'il frappait à la porte des éditeurs, c'était pis encore.

— Avez-vous déjà publié quelques volumes? lui demandait-on.

— Pas un seul.

— C'est fâcheux. Faites-vous connaître, nous verrons à traiter ensuite.

— Mais, si l'on ne commence pas à me

publier au moins un ouvrage, comment voulez-vous que je me fasse connaître?

— Oh! quant à cela, rien de plus facile : on imprime cet ouvrage à ses frais.

— Je ne suis pas riche, balbutia Dupont.

— Vous n'êtes pas riche... Alors pourquoi diable écrivez-vous?

L'argument écrasa notre malheureux poëte. Sa bourse était à sec depuis longtemps; il voyait en perspective la misère et la faim. Dans une pareille extrémité, quoi qu'on dise, la rime vient mal. On a prétendu que le génie devait être affamé, chaque jour on le répète; mais, à coup sûr, ce sont les libraires qui font courir ce bruit-là.

Pierre Dupont, complétement découragé, chercha une place.

Il entra chez un banquier de la rue Charlot avec de maigres honoraires, y resta huit mois, et se fit admettre ensuite dans un pensionnat comme professeur.

Fatigué de donner à *un franc* le cachet de longues répétitions à l'inintelligente progéniture des épiciers de la rue Quincampoix et de la rue aux Ours, généreux citoyens qui tarifent l'éducation au prix du balayage des rues, et regagnent cela très-largement sur quelques livres de chandelle, Pierre Dupont prit la voiture de Provins [1] pour aller oublier ses ennuis dans la famille de son père.

---

[1] Avant de partir, il avait eu l'idée de rendre visite

Il y reçut un accueil plein de tendresse.

Son aïeul vivait encore.

Une multitude de joyeux cousins et de charmantes cousines lui firent fête ; on lui rendit la joie, le bonheur et la gaieté.

Le poëme des *Deux anges* s'acheva dans cette douce retraite.

à Victor Hugo; mais le grand poëte était absent. Dupont lui écrivit au dos d'une carte :

> Si tu voyais une anémone,
> Languissante et près de périr,
> Te demander, comme une aumône,
> Une goutte d'eau pour fleurir ;
>
> Si tu voyais une hirondelle,
> Un jour d'hiver, te supplier,
> A ta vitre battre de l'aile,
> Demander place à ton foyer ;
>
> L'hirondelle aurait sa retraite,
> L'anémone sa goutte d'eau :
> Pour toi, que ne suis-je, ô poëte !
> Ou l'humble fleur, ou l'humble oiseau !

M. Lebrun, de l'Académie française, alors à Provins, donna des encouragements au jeune homme, lui prédit le succès, et l'assura qu'il le trouverait toujours disposé à lui accorder son appui.

L'auteur de *Marie Stuart* a tenu parole, ainsi que nous le verrons bientôt.

Notre poëte entrait dans sa vingt et unième année. La conscription le réclamait. Il puisa dans l'urne et en ramena triomphalement le numéro TROIS.

On n'est pas riche dans une famille de forgerons. Cependant il s'agit d'acheter un homme. Dupont ne renoncera pas à son avenir littéraire ; ses parents sont trop glorieux des espérances qu'il donne pour le laisser gémir sept ans dans l'obscurité d'une caserne.

Tous les cerveaux se creusaient, toutes les imaginations étaient en jeu.

Mais l'argent ne se trouvait pas, et Pierre Dupont reçut l'ordre de rejoindre à Huningue le 3ᵉ régiment de chasseurs, dans lequel il devait être incorporé.

— Pars toujours, lui dit à l'oreille un de ses cousins. Je te promets que tu reviendras.

— Oui, dans sept ans, répondit Pierre avec un triste sourire.

— Dans six semaines, mon cher, dans six semaines ! Je ne demande pas un jour de plus. Laisse-moi seulement ton manuscrit des *Deux anges*.

— Et qu'en feras-tu, bon Dieu ?

— Ceci me regarde. Pour être venue

tard, l'idée n'en est pas moins excellente. Bon courage, et va-t'en !

Dupont partit pour Huningue.

Il n'y resta effectivement que six semaines.

Un matin, au moment où il apprenait avec les autres conscrits le maniement du sabre, il fut très-surpris de voir son caporal lui présenter un gros Alsacien joufflu, qui lui adressa la phrase suivante dans l'idiome pittoresque du Bas-Rhin :

— « Ponchour ! Tonnez fotre sapre... On fous remblace.....

Cela tenait du prodige. Dupont n'en revenait pas. Rien pourtant n'avait été plus simple.

Le jour même du départ du conscrit,

son cousin [1] porta le poëme des *Deux Anges* chez un imprimeur de la ville, engagea par-devant notaire sa modeste fortune, afin de garantir les frais d'impression du livre, et disposa sur-le-champ deux listes de souscription.

Il en envoya une à Paris à M. Lebrun, et garda la seconde pour s'occuper lui-même de recueillir des signatures à Provins.

Le prix de la souscription était de cinq francs, en échange desquels on avait droit à un exemplaire de l'œuvre du poëte soldat.

---

[1] Nous ne pouvons passer sous silence le nom de cet homme dévoué qui a si bien servi les lettres françaises. Il se nomme Émile Génisson. Plusieurs personnes nous affirment qu'il est en exil.

Quinze cents souscripteurs répondirent à l'appel.

En moins de vingt jours les deux listes étaient remplies. Cinq mille francs restaient, tous les frais d'impression payés, et le remplaçant se mit en route pour Huningue.

Délivré du pantalon garance, Pierre Dupont vint se jeter au cou de ses bienfaiteurs.

Mais l'excellent académicien ne borna point là sa protection. Le poëme des *Deux Anges* fût présenté au concours de 1842. Il fût jugé digne du prix, et le jeune auteur eut la gloire d'être couronné par M. Lebrun lui-même au milieu de toutes les pompes académiques.

On lui donna, par surcroît de récompense, une place au dictionnaire.

« Son travail, dit le *Morning-Chronicle*, dans le numéro du 5 mai 1851, consistait à écrire l'histoire des mots et à en perfectionner la définition. »

M. Charles Baudelaire, dont la notice sur Pierre Dupont est très-remarquable, bien que nous ayons cru devoir y signaler tout à l'heure quelques inexactitudes, complète l'article du journal anglais en disant :

« Ces fonctions, quelque minimes qu'elles fussent en apparence, servirent à augmenter et perfectionner en lui le goût de la belle langue. Contraint d'entendre souvent les discussions orageuses de la rhétorique et de la grammaire antique aux prises avec la moderne, les querelles vives et spirituelles de M. Cousin avec M. Victor

Hugo, son esprit dut se fortifier à cette gymnastique, et il apprit ainsi à connaître l'immense valeur du mot propre. Ceci paraîtra peut-être puéril à beaucoup de gens, mais ceux-là ne se sont pas rendu compte du travail successif qui se fait dans l'esprit des écrivains, et de la série des circonstances nécessaires pour créer un poëte. »

Jusqu'à présent le chansonnier ne se révèle pas encore. Patience!

Il y a ici toute une histoire dont il ne faut perdre aucun détail, et qui montrera par quels sentiers bizarres le talent passe quelquefois pour arriver à sa véritable route.

Le lauréat de l'Académie se lia très-intimement, à cette époque, avec un jeune compositeur, M. Gounod, qui depuis a fait les admirables chœurs d'*Ulysse* [1].

Entendant, un jour, chanter Dupont, qui n'avait pas oublié ses romances lyonnaises, le musicien lui trouva une voix très-sympathique, un timbre à la fois passionné et rempli de douceur, joint à une accentuation nette, qualité fort rare chez ceux qui cultivent le chant.

— Où as-tu appris la musique? lui demanda-t-il.

— Je ne la sais pas, répondit le poëte.

— Quelle plaisanterie!

— Non, ma parole d'honneur, je ne l'ai jamais apprise.

---

[1] Sorte d'opéra *homéri*-comique joué à la Comédie-Française. Le libretto de M. Ponsard nuisit beaucoup au succès musical de M. Gounod.

— Voilà qui est singulier. Chante encore.

Dupont chanta.

— Quel est cet air ?

— C'est un air que j'ai fait ce matin sur des paroles à moi.

— Et tu ne sais pas la musique, vraiment, sans mystification ?

— Pourquoi veux-tu que je mente ?

— Mais, cher ami, tu as trouvé là des motifs admirables ! Recommence un peu.

Gounod prit une plume et nota rapidement à mesure que Dupont chantait. La note écrite, il l'essaya au piano ; puis il regarda son ami d'un air terrifié.

— Sans avoir appris la musique ! s'écria-t-il; mais le jour où tu la sauras, tu nous *dégommeras* tous !

— Eh bien ! sois tranquille, je ne l'apprendrai pas.

— Tu as tort.

— Bah ! laisse donc ! Si j'avais là-dessus le moindre brin de science, l'amour-propre s'en mêlerait ; je ne ferais rien qui vaille.

— C'est encore possible, dit Gounod. Mettez une fauvette en cage, serinez-la, elle n'a plus ses vives et pétulantes modulations. S'il te vient dorénavant une idée musicale, appliques-y des paroles, tâche de la retenir, et fais-la noter, soit ici, soit chez Parisot [1]. J'ai mon idée là-dessus.

[1] Autre compositeur également ami de Pierre Dupont.

— Bon ! je te le promets.

Nos amis se séparèrent..

Tous les matins, avant d'aller à l'Institut, Pierre Dupont se livrait à de longues promenades hors de Paris, tantôt sous les ombrages du bois de Boulogne, tantôt dans les plaines de Vaugirard.

La campagne a pour lui des attraits indicibles.

Un nuage qui passe, un papillon qui vole, un insecte qui bourdonne sous la mousse, un tourbillon de la brise dans la feuillée, tout l'intéresse, tout l'émeut, tout lui cause des surprises. Il observe, commente, dissèque le paysage, étudie profondément les mœurs champêtres, analyse bêtes et gens, s'arrête aux détails les plus communs, aux particularités les plus vulgaires, y découvre des nuances qui échapperaient à des yeux moins exercés que les siens, prend la nature sur le fait et la reproduit avec une fidélité merveilleuse.

Jamais auteur de pastorales n'a donné à ses peintures un reflet plus animé, plus scrupuleusement exact. L'image vous saisit, la vérité du coup de pinceau vous confond, l'exactitude du trait n'a point d'égale.

On peut définir Pierre Dupont en un seul mot :

C'est un daguerréotype.

Le lendemain de son dialogue avec le compositeur, notre poëte, se promenant sur la route de Poissy, aperçut un troupeau de bœufs magnifiques, élevés dans les prairies normandes, et qu'on menait sans nul doute à l'abattoir.

— O voraces Parisiens! mangeurs de biftecks! pensa Dupont, pourquoi ne laissez-vous pas ces pauvres animaux à leur charrue? Ce ne sont pas nos paysans du Lyonnais qui voudraient ainsi livrer à votre gloutonnerie les rois majestueux du labourage!

Il se mit à fredonner tristement :

> J'ai deux grands bœufs dans mon étable,
> Deux grands bœufs blancs, marqués de roux.

L'inspiration continua. Bientôt une rime eut amené l'autre, et l'air suivit le couplet à la piste.

On connaît le reste de la chanson.

Notre poëte, au retour de sa promenade, entra dix minutes à l'Institut, le temps de copier ses vers, et sortit immédiatement pour les porter chez Gounod.

— Tu veux noter mes idées musicales, cher ami, lui dit-il. Ce matin, j'en ai eu quelques-unes; mais tu les trouveras peut-être mauvaises.

— Nous verrons. Commence, et ralentis un peu la mesure pour que je te suive.

— Justement c'est une mesure lente.

— Tant mieux. Va!

Dupont chanta les quatre couplets des *Bœufs*. Quand il eut fini, voyant Gounod rester la plume en main et les yeux fixés sur la musique :

— Tu n'aimes pas cela? dit-il. J'en étais sûr.

Le musicien ne put répondre.

Il avait été saisi par le sentiment vrai, profond et naturel de ce chant bizarre, qui se fondait d'une manière si délicieuse avec l'inspiration rimée du poëte. Un spasme oppressait la poitrine de Gounod, des larmes descendaient le long de ses joues.

— Tu pleures!... C'est donc beau? fit Dupont, très-ému à son tour.

— Ne me parle pas. Chante encore. Il m'a été difficile de te suivre entièrement.

— Quel couplet veux-tu?

— Le deuxième couplet; je le trouve magnifique.

Dupont recommença :

Les voyez-vous, les belles bêtes,
Creuser profond et tracer droit,
Bravant la pluie et les tempêtes,
Qu'il fasse chaud, qu'il fasse froid?
Lorsque je fais halte pour boire,
Un brouillard sort de leurs naseaux,
Et je vois sur leur corne noire
Se poser les petits oiseaux [1].

S'il me fallait les vendre,
J'aimerais mieux me pendre;
J'aime Jeanne, ma femme, eh bien! j'aimerais mieux
La voir mourir que voir mourir mes bœufs.

— Mon cher, dit Gounod, pressant avec enthousiasme les mains de l'auteur, tu es dans ta route ; ne la quitte plus. Là est ton génie! là sera ta gloire!

Parisot tint absolument à Dupont le

[1] Quelqu'un soutenait que jamais oisillon ne s'était posé sur la corne d'un bœuf. — « Pardonnez-moi, répondit M. de Brossard, maître de poste à Vire (Calvados) et agriculteur distingué : j'ai vu des hoche-queues, des sansonnets et même des pies s'y poser fort souvent. »

même langage. Il le conduisit le soir même au café des *Variétés* [1].

Quelques invitations avaient été faites à la hâte.

Hoffmann s'était chargé de prévenir deux ou trois journalistes influents. Tout le théâtre descendit des coulisses pour entendre la chanson, qu'on annonçait comme merveilleuse.

Elle eut un succès d'enthousiasme.

Théophile Gautier daigna tendre un

[1] Dans une de nos biographies précédentes, nous avons commis une erreur en disant que Dupont avait chanté les *Bœufs* pour la première fois chez madame de Girardin. Il les chanta, en effet, dans les salons de la *dixième Muse*, mais beaucoup plus tard, sous la République, en présence de Victor Hugo, de Lamartine et de bon nombre d'illustrations du gouvernement provisoire. On attirait ceux-ci rue de Chaillot, dans l'espérance qu'ils y laisseraient tomber un portefeuille.

de ses doigts illustres au jeune poëte et lui dire :

— Bravo ! tout est fort bien, tout, vers et musique !

Or, pour peu que l'on sache son Gautier par cœur, ceci est très-significatif ; il faut que l'aristarque de la *Presse* ait singulièrement foi dans le talent d'un homme pour se livrer à une semblable démonstration.

Deux jours après, Hoffmann chantait les *Bœufs* sur le théâtre des *Variétés*.

Tous les pianos bourgeois les répétèrent ; le peuple fit chorus, et voilà Pierre Dupont à la mode.

Sous ce titre collectif, les PAYSANS, il composa coup sur coup cinq autres chansons : la *Fête du village*, le *Braconnier*, les *Louis d'or*, la *Musette neuve* et le *Chien de berger* [1].

Cette dernière, à notre sens, est la plus jolie, bien qu'elle n'ait pas eu la popularité des *Louis d'or*.

> J'aime mon chien, un bon gardien
> Qui mange peu, travaille bien,
> Plus fin que le garde champêtre ;
> Quand mes moutons je mène paître,
> Du loup je ne redoute rien
> Avec mon chien, mon bon gardien,
> Finaud, mon chien !
>
> Toujours crotté, sans goût ni grâce,
> Finaud n'est pas trop déplaisant ;
> Il a la queue en cor de chasse,
> Les yeux brillants du ver luisant ;

---

[1] Elles ont toutes été notées par Parisot. On dicte un air à un musicien absolument comme on dicte une lettre à un secrétaire. Beaucoup de personnes, ignorant la véritable signification du mot *noter*, pourraient attribuer fort injustement à d'autres un mérite qui appartient à Pierre Dupont seul.

Ses crocs sont prêts, son poil de chèvre
Se dresse dru comme des clous
Dès qu'il sent la trace d'un lièvre,
Dès qu'il sent la trace des loups.

Depuis dix ans à mon service,
Finaud est bon, il est très-bon ;
Je ne lui connais pas de vice :
Il ne prend ni lard ni jambon ;
Il ne touche pas au fromage,
Non plus qu'au lait de mes brebis ;
Il ne dépense à mon ménage
Que de l'eau claire et du pain bis.

Un jour, près d'une fondrière,
Jeanne, en conduisant son troupeau,
Dégringola dans la rivière ;
Finaud la repêcha dans l'eau.
Et moi j'aurai la récompense :
Jeanne me prend pour épouseur.
C'est tout de même vrai, j'y pense,
Que les chiens n'ont pas de bonheur !

Ce dernier trait vaut à lui seul tout un poëme.

Jamais, avant Pierre Dupont, personne n'a mieux su rendre la naïveté du villageois, son pittoresque langage, ses mœurs simples, et cette finesse, cachée sous la bêtise apparente et le dehors brutal, comme une fleur sous un buisson de houx.

Avec notre poëte, on est aux champs; on y respire. Ses vers sentent l'aubépine et le sureau.

Bonne fille aux joues hâlées, sa poésie danse en cotillon court, sur les prés, à l'ombre des hêtres, et dort, jambes et bras nus, sous les saules.

Pierre Dupont suit le paysan du berceau à la tombe.

Il peint ses joies, ses tristesses, ses travaux, ses espérances. Il assiste à ses fêtes; il entre avec lui dans la pauvre église du village.

Écoutez! on entend un glas funèbre:

c'est le jour des Morts. Chaque villageois attache une branche de buis ou de cyprès à son chapeau.

> Le long des prés voilés de brume grise,
> Mon crêpe au bras, je marche sans rien voir ;
> Je suis le son du glas jusqu'à l'église
> Dont le portail est habillé de noir.
>
> De profundis !
> Mon Dieu, conduisez l'âme
> De mes enfants et de ma femme
> Dedans votre saint paradis.

Le temple est rempli, la foule pieuse s'agenouille et l'office commence. Tour à tour, au *Dies iræ*, l'orgue tonne et pleure. On s'approche du noir catafalque, semé de larmes blanches, pour le bénir avec l'eau sainte, et l'on se dirige ensuite du côté du cimetière pour prier sur les tombes.

On y reste longtemps, le corps tout

roide et les genoux glacés par la terre humide.

> Mais n'ont-ils pas plus froid dans la froidure,
> Eux qui sont là tout le long des hivers ?
> Au moins l'été leur couchette est moins dure,
> Et sur leurs pieds ils ont des tapis verts.
>   De profundis, etc.
>
> Mon buis bénit, sur leur corps je te plante ;
> Conserve-toi vert jusqu'à la saison
> Où la fleur point, où la fauvette chante.
> Adieu, mes morts ! je rentre à la maison.

Nous sommes peut-être plus accessible qu'un autre aux impressions religieuses ; mais il nous semble que chacun doit admettre la beauté de cette poésie candide, pleine de sensations douces et de chers souvenirs.

Après la fête des larmes, voici la fête de la joie.

On va partir pour la messe de minuit : c'est Noël, des étables aux granges.

Garçons joufflus, que l'on s'empresse,
Tout frais rasés, vêtus de drap ;
Filles en blanc, vite à la messe :
Une étoile vous guidera.

La foule se met en marche. Il fait grand froid ; le vent du nord souffle et la neige tombe. Qu'importe? On se réchauffe à l'église en y priant à côté de Jeanne. De beaux cierges de cire blanche brûlent sur l'autel.

Au fond, dans une niche en verre,
Dort sur la paille un doux Jésus :
Rois et bergers sont en prière ;
L'âne et le bœuf soufflent dessus.

Mais voici la messe terminée. Il s'agit de regagner la chaumière en traversant les bois.

On s'en revient l'âme contente.
J'entends un amoureux qui dit :
« Cette nuit le rossignol chante,
La rose a fleuri cette nuit. »

Un amoureux seul peut avoir de pareilles illusions au mois de décembre, et tout le monde n'est plus à l'âge de l'amour.

> Allons, rentrons, car il grésille,
> Dit un vieillard en grelottant;
> La bûche de Noël pétille,
> Et le réveillon nous attend.
> Respectons la vieille coutume ;
> Mes beaux amoureux, buvez frais ;
> Mangez le boudin quand il fume,
> Vous vous embrasserez après.

Voilà du moins de la bonne et sage poésie, de la véritable poésie populaire, et Dupont n'aurait jamais dû en faire d'autre [1].

Eh ! mon Dieu, le pauvre a ses consolations et ses bonheurs ! Pourquoi lui ouvrir des perspectives impossibles ? Pour-

---

[1] Le *Chant du Pain*, composé à une époque de famine (1846), était certainement une inspiration malheureuse.

quoi jeter dans son âme le germe de l'envie et lui montrer des horizons qu'il atteindra sûrement un jour, mais à condition qu'il s'y élèvera sur les ailes puissantes de l'intelligence et du travail?

Dans cette grande famille du monde, il y a nécessairement des fils déshérités.

Ce n'est pas juste, direz-vous.

Alors, effacez du livre de la vie le chapitre des passions; car c'est là seulement qu'il faut chercher la source de l'infortune et de la misère.

Moralisez, mais n'excitez pas; consolez, mais ne donnez pas l'essor aux haines avides.

Où est l'homme vraiment probe qu'on ait écrasé sur la route? montrez-le! Où est l'artisan laborieux auquel on refuse la main quand il veut mettre le pied sur un échelon de la fortune? faites-nous-le voir! Où est le mérite qui reste dans l'ombre? Où est la vertu qui n'obtienne pas sa récompense? Où est le talent qui ne se soit pas fait jour?

N'es-tu pas un enfant du peuple toi-même, ô poëte?

Qui donc a gêné ta marche? Qui a dressé des obstacles devant toi? Tu es arrivé haut par tes propres efforts, et tu n'as pas le droit de te retourner pour dire à ceux que la paresse ou le vice retiennent en arrière :

> Pauvres moutons, quels bons manteaux
> Il se tisse avec notre laine!

Le travailleur ne se met pas à la tâche avec un habit de drap d'Elbeuf, des gants et des manchettes ; il est fier de sa blouse, et il a raison.

Tu leur fais dire à ces ouvriers, que tu sembles plaindre :

> Mal vêtus, logés dans des trous,
> Sous les combles, dans les décombres,
> Nous vivons avec les hiboux
> Et les larrons amis des ombres [1].

Jamais honnête ouvrier n'a eu semblable domicile. On a trompé ta bonne foi, pauvre poëte !

Cet ouvrier n'habite pas un palais, non sans doute, et vraiment il n'y tient guère. Il dort abrité sous une modeste mansarde, beaucoup mieux que le riche dans son hôtel. Pourquoi lui donner des désirs et

---

[1] « Dire toutes ces choses au peuple, c'est mal ; l'aider à les chanter, c'est pis encore. » (Sainte-Beuve.)

des regrets qu'il n'a pas? Tu ajoutes, en guise de refrain :

> Aimons-nous, et, quand nous pourrons
> Nous unir pour boire à la ronde,
> Que le canon se taise ou gronde,
>   Buvons
> A l'indépendance du monde !

« Aimons-nous ! » est une belle maxime, mais le Christ l'a trouvée avant toi, avec cette autre : « Bienheureux ceux qui souffrent, car ils auront le royaume du ciel. »

Nombre d'individus aimeraient mieux le royaume de la terre, nous le savons.

Par malheur, il n'entre pas dans les vues de la Providence de donner un manteau de pourpre à tous ses enfants.

Disons bien vite que les excentricités chantantes de Pierre Dupont et ses couplets politiques sont le résultat de l'époque où il a débuté : triste époque vraiment, où il n'y avait plus même de l'eau à boire pour un fabricant d'églogues et de pastorales.

Essayez donc de chanter les *Bœufs* ou la *Fête du Village*, quand tout Paris hurlait du matin au soir :

Mourir pour la patrie (*bis*),
C'est le sort le plus beau, le plus digne d'envie !

On n'ignore pas que cette magnifique romance de M. Alexandre Dumas a défrayé pendant dix-huit mois le gosier populaire. Il fallait bien que notre malheureux chansonnier luttât contre un concurrent si redoutable. Voilà pourquoi nous avons eu le *Chant des Nations*, le *Chant du Vote*, le *Chant des Transportés*, le

Chant des Soldats et bien d'autres chants encore.

La faute en est à M. Alexandre Dumas. Pierre Dupont n'y est pour rien.

Toute une révolution déteignait sur notre héros et sur ses rimes. Il prenait au sérieux les faux apôtres qui venaient lui prêcher une foule de théories suspectes, et faisait du socialisme, non pas avec sa tête comme beaucoup d'autres, mais avec son cœur d'enfant et de poëte [1].

Nous trouvons, dans un petit journal d'alors, une anecdote amusante, spirituellement racontée par Auguste Vitu.

[1] En relief malgré lui, au 2 décembre, il fut compromis, et se cacha pendant six mois dans une retraite obscure, qui finit cependant par être découverte. Traduit devant un conseil de guerre, il fut condamné à sept ans d'exil à Lambessa. Mais ses bonnes relations le sauvèrent. Il obtint sa grâce.

Il paraît que Dupont, pour exciter sa verve et continuer de soutenir la concurrence (M. Dumas en aura tous les remords!), soupait assez régulièrement au café Foy [1].

« Un matin que le jour l'avait surpris dans cette occupation, il ouvrit la fenêtre qui donnait sur le boulevard. Tout était désert encore; à peine cinq à six balayeurs, dispersés au coin des trottoirs, s'acquittaient-ils de leur misérable besogne.

« A l'intérieur du cabaret, des candélabres chargés de bougies éclairaient les riches débris d'un repas somptueux. Des flacons au long col roulaient éventrés sous

[1] Au coin de la rue de la Chaussée-d'Antin et du boulevard.

la table, et l'âcre parfum des truffes combattait victorieusement les bouffées du cigare.

« Dupont a le vin tendre. Les larmes lui vinrent aux yeux.

« Il ouvrit les bras, comme M. Pierre Leroux quand il prêche, et fit aux balayeurs ébahis une sorte d'homélie assez réjouissante ; il leur parla de riches insensibles qui boivent la sueur du peuple, de parasites qui vivent aux dépens de leurs frères, si bien que les braves balayeurs, s'apercevant que l'orateur avait parfaitement soupé, se mirent en devoir de lui jeter des pierres.

« Mais, comme les boulevards ne sont pas riches en cailloux [1] ces ouailles gros-

---

[1] Le macadam n'était pas inventé. On ne voyait pas

sières prirent tout ce qui leur tombait sous la main, et Dupont dut fermer la fenêtre pour se soustraire à une foule de légumes suspects. »

Voilà l'anecdote.

Si M. Dumas n'avait pas composé le *Chœur des Girondins*, tout ceci n'aurait point eu lieu.

Nous avons oublié de dire que Pierre Dupont s'était démis de ses fonctions à l'Institut, le jour où il avait publié le *Chant des ouvriers*. Il craignait que la couleur de l'œuvre ne déplût aux académiciens.

Pour avoir la propriété de cette chanson, Furne délia sa bourse et versa l'or, sans compter, dans la poche de l'auteur.

le long de la chaussée ces magnifiques tas de pierres destinés à l'entretenir.

Dupont se trouvait assez riche et dédaignait les médiocres honoraires de sa place [1].

Un autre éditeur, Houssiaux, s'occupait de réunir en volume les couplets de notre poëte [2]. Il complète aujourd'hui l'œuvre du chansonnier dans une magnifique édition, illustrée par Tony Johannot et Célestin Nanteuil.

Houssiaux ne tenait pas aux chants dits patriotiques.

C'est à lui que le public doit le retour de Pierre Dupont au genre pastoral, dont

---

[1] Ce fut M. Ricourt qui chauffa l'enthousiasme de Furne. On sait que M. Ricourt est l'homme qui a fait la découverte de tous les poëtes de notre siècle. Il a découvert Ponsard, et il venait, ce jour-là, de découvrir Dupont.

[2] En même temps, les frères Garnier publiaient la *Muse populaire*. Une partie des chansons de Pierre Dupont est la propriété de MM. Vialat, Gabriel Roux et compagnie.

M. Alexandre Dumas l'avait malheureusement écarté.

Ne pensons plus à la politique et prêtons l'oreille.

Le poëte chante. Nous allons retrouver toutes les délicieuses inspirations de ses premiers jours.

> Rêvez un frêle paysage
> De bruyères et de bouleaux,
> Dont flotte au vent le blanc feuillage,
> Comme l'écume sur les eaux ;
> Et, sous cette ombre échevelée,
> Rêvez, plus gracieuse encor
> Que les bouleaux de la vallée,
> La Vierge aux longues tresses d'or.
>
> Jour et nuit, blanche et blonde, elle erre,
> Ses yeux bleus se noyant de pleurs,
> Fille du ciel et de la terre,
> Sœur des étoiles et des fleurs.

Ne vous semble-t-il pas voir passer là-bas, sous les arbres, aux rayons de la lune, cette blanche apparition ?

Le *Dahlia bleu*, ma *Vigne*, la *Véronique* et la *Chanson du blé* sont quatre chefs-d'œuvre. Dupont varie comme la nature ses couleurs et ses parfums.

> Douces à voir, ô véroniques!
> Vous ne durez qu'une heure ou deux,
> Fugitives et sympathiques
> Comme des regards amoureux.
> Fleurs touchantes du sacrifice,
> Mortes, vous savez nous guérir.
> Je vois dans votre humble calice
> Le ciel entier s'épanouir.
>
> O véroniques! sous les chênes
> Fleurissez pour les simples cœurs
> Qui, dans les traverses humaines,
> Vont cherchant les petites fleurs.

On ne peut rien voir de plus naïvement gracieux et de plus délicat comme pensée.

Voulez-vous maintenant du vrai langage rustique, bien cru, bien ronflant et bien sonore?

Je suis la mère Jeanne,
Et j'aime tous mes nourrissons,
Mon cochon, mon taureau, mon âne,
Vaches, poulets, filles, garçons,
Dindons, et j'aime leurs chansons,
Comme, étant jeune paysanne,
J'aimais la voix de mes pinsons.

Venez, poules à crête rouge,
Et mon beau coq tambour-major !
J'aime que tout ce monde bouge,
Je vois remuer mon trésor :
Ces marcassins, ce veau qui tette,
Ces canetons qui vont nageant,
Cet agneau qui bêle à tu-tête,
C'est pour moi le bruit de l'argent.

C'est qu'il en faut dans un ménage
De l'argent blanc, de l'or vaillant;
On n'en gagne pour son usage
Qu'en bien veillant et travaillant.
Par-dessus votre homme se grise
Et trébuche en rentrant au nid;
On se bat; mais, après la crise,
On s'embrasse, et tout est fini.

Lisez la *Vache blanche*, le *Lavoir*, la *Fille du cabaret*, le *Gardeur d'oies* et le

Garçon de moulin, vous y trouverez la même verve désopilante, la même vérité de peinture, la même senteur champêtre.

> Savez-vous la chanson des prés
> Qui porte à la mélancolie?
> Allez l'entendre, et vous verrez
>   Qu'elle est jolie.
>
> C'est la chanson que l'on entend
> Dans la saison de la verdure,
> Quand dans la grande herbe on s'étend
> Et qu'on n'a pas l'oreille dure.
> Écoutez bien au creux du val
> Ce long murmure qui serpente :
> Est-ce une flûte de cristal?
> Non, c'est la voix de l'eau qui chante.

La poésie de Pierre Dupont a un charme rêveur qui échappe à la poésie de Béranger.

On remarque chez le père de Frétillon de plus vives et de plus sémillantes allures; ses flonflons sonnent mieux, on entre en danse plus facilement avec ses vers, et près de lui la muse gaillarde se retrousse sans gêne.

A côté de Pierre Dupont, au contraire, nous la voyons prendre un voile de mélancolie et de pudeur. Elle n'en est pas plus bégueule, mais la danse éternelle et la joie de chaque instant la fatiguent; elle aime à se promener seulette au bord des champs, sur la lisière des bois, elle écoute la brise et l'oiseau qui chantent, elle rêve en voyant les étoiles.

> Quel calme! que les cieux sont grands!
> Et quel harmonieux murmure!

Frétillon, pendant ce temps-là, se trémousse, rit et baguenaude.

Si elle court dans les prés, c'est afin qu'on la poursuive; si elle cueille une marguerite, c'est pour se baisser et montrer la jambe. Les beautés de la nature la touchent médiocrement, jamais elle ne songe à les peindre.

On aurait tort de conclure que nous voulons mettre Pierre Dupont au-dessus de Béranger.

Nous croyons que l'auteur du *Dahlia bleu*, grâce aux douces nuances de ses tableaux et à une vérité de détails exquise, offre plus de sympathie aux âmes rêveuses; mais il est loin, dans l'ensemble de son œuvre, et toute gaudriole mise à part, d'atteindre à la pureté de rhythme et à l'élévation de notre poëte national.

Ainsi, dans les chants patriotiques, Dupont reste au-dessous du médiocre, tandis que Béranger monte jusqu'au sommet le plus sublime de l'ode. Cela tient à ce que l'un n'a jamais touché que la corde d'un parti, tandis que l'autre tire ses vibrations du cœur même de la France.

> Ne forçons point notre talent,
> Nous ne ferions rien avec grâce.

Que Pierre Dupont reste le peintre aimé de la nature, le charmant paysagiste, le poëte champêtre ; qu'il achève de conquérir ses titres à la popularité, en faisant pour chaque travailleur ce qu'il a fait pour le tonnelier, le tisserand et la couturière : une chanson vive, originale, accentuée, pleine de verve, et qui est en même temps la peinture la plus fidèle et la description la plus exacte du métier.

> Pan, pan, pan, pan,
> Pan, pan, pan, pan,
> Chasse les cercles du tonneau,

Maillet sonore,
Pour enfermer le vin nouveau,
Fils de l'aurore.

L'osier en trois joint le cerceau ;
Chaque douve affûtée,
Mise au point, se courbe en arceau ;
La futaille est voûtée.
Qu'on la flambe dans un feu clair,
Elle est ventrue et ronde ;
Foncez-la, qu'il n'entre pas d'air ;
Enfin percez la bonde.

Voici le tisserand qui chante à son tour. Triste, reclus, il travaille au fond d'une cave, afin que la toile sorte de ses mains plus blanche et moins rude :

Encor si je tissais en l'air
Comme fait ma sœur araignée,
Sans ma lampe j'y verrais clair ;
Mais bah ! ma vie est résignée.
Il faut des voiles au vaisseau,
Aux morts des linceuls, aux fillettes
Qui me commandent leur trousseau
Des draps de lit et des layettes.

— Écoutez maintenant la couturière assise à sa fenêtre, où glisse un furtif rayon de soleil. Pauvre fille, laborieuse et sage, elle charme les longues heures du travail par un refrain du chansonnier.

    Aiguille
    Gentille,
Va, viens, voltige et cours.
Quand pleure la famille,
Ta douce lueur brille
   Sur ses tristes jours.

Comme la lame d'une épée
Faite de l'acier le plus pur,
Elle est fourbie, elle est trempée,
On le connaît à son azur.
Voyez ! à peine il est visible,
Le trou par où passe le fil ;
La guêpe en son courroux terrible
N'a pas d'aiguillon plus subtil.

Pendant que l'épingle s'arrête
Et fixe l'étoffe au genou,
L'aiguille, mobile, inquiète,
Perce toujours un nouveau trou.

> L'épingle, sérieuse et sage,
> Se repose le plus souvent;
> Du progrès l'aiguille est l'image,
> Elle va toujours en avant.

Malgré beaucoup d'incorrections, échappées à un travail trop facile, notre poëte restera populaire.

En France, on aime ce qui a du cachet.

La plupart des œuvres de Pierre Dupont sont connues avant d'être imprimées. Il les chante dans les salons, et il lui arrive quelquefois d'en donner une copie à ceux qui la lui demandent.

Mais les éditeurs trouvent à redire à cette espèce de publication anticipée.

Une dame du monde, excellente musicienne, le pria, devant nous, il y a quinze jours, de lui copier une de ses chansons nouvelles, encore inédite, et qui a pour titre le *Peseur d'or*.

Dupont déclara que son éditeur venait de lui défendre de donner à l'avenir une seule chanson manuscrite sous peine de procès.

— Mes ressources sont là, dit-il, vous comprenez ? Je ne veux pas me fermer la caisse.

La dame parut très-mortifiée de ce refus.

— Il est charmant, votre éditeur! s'écria-t-elle. Comment le nommez-vous?

— Vialat.

— Je lui écrirai une lettre de félicitation. Vraiment, c'est fort agréable : j'aurai le *Peseur d'or* quand les orgues de Barbarie le joueront sous ma fenêtre ! Au moins nous le chanterez-vous demain, monsieur ?

— Pour cela, très-volontiers, on ne me l'a pas défendu, répondit Pierre Dupont.

Il salua et sortit.

— Je l'aurai, son *Peseur d'or*, je l'aurai en dépit de l'éditeur ! dit la dame après le départ du poëte.

— Et comment l'aurez-vous ?

— Rien de plus facile. J'ai soirée demain : pendant qu'il chantera, je ferai prendre les paroles par un sténographe.

— Mais la musique ?

— Je la prendrai moi-même.

— Et si l'on fait un procès ?

— Je payerai le procès.

— Quel enthousiasme ! Cette chanson nouvelle est donc bien merveilleuse ?

— Elle aura plus de succès que les *Louis d'or*. Voulez-vous la publier dans la biographie de Dupont ? Je vous y autorise.

— Merci bien !... Pourtant, si vous répondez de tout...

— Je réponds de tout.

Ce que femme veut, Dieu le veut. A quarante-huit heures de là, nous avions les sept couplets de l'œuvre inédite. Les voici :

LE PESEUR D'OR.

Dans une vaste houppelande
Bordée au cou de petit-gris,
Un juif, expulsé de Hollande,
Vivait d'usures à Paris.
Il pesait avec des balances,
Dont les plateaux étaient faussés,

Or, diamants et consciences ;
Ses doigts étaient fort exercés

   Les souris vont se prendre
     Au chat qui dort,
   Et chacun allait vendre
     Au peseur d'or.

On allait chercher la piqûre
De ce serpent dans un trou noir
Bâillant sur une cour obscure ;
Ce repaire était son comptoir.
A ceux qui de cette cachette
Osaient railler l'obscurité :
Le soleil est dans ma cassette,
Répondait l'avare éhonté.

   Les souris vont se prendre, etc.

Ses yeux étaient deux escarboucles,
Son nez un triangle effilé ;
Il portait des souliers à boucles,
Du linge en Hollande filé.
Il prisait avec des mains sèches
Du fin tabac de Portugal.
Son crâne, orné de blanches mèches,
Eût effrayé le docteur Gall.

   Les souris vont se prendre, etc.

De tout calcul indéchiffrable
Il se tirait en un instant,

Et, d'une voix imperturbable,
Il disait au chaland : C'est tant !
C'est tant ce virginal sourire,
C'est tant votre anneau conjugal,
C'est tant le sceptre et tant la lyre,
Tant la tombe et le piédestal.

 Les souris vont se prendre, etc.

Qu'il monnaya d'âmes flétries !
Qu'il serra dans ses coffres-forts
D'or, de bijoux, de pierreries,
D'anneaux, de châles, de trésors !
La mort longtemps le laissa faire.
Un jour de hausse et de grand gain,
Elle emmena notre homme en terre,
Mort de joie et presque de faim.

 Les souris vont se prendre, etc.

Le diable, qui toujours existe,
Ayant vu, la nuit, en rôdant,
Notre squelette jaune et triste
Qui perdait sa dernière dent,
Sur un plateau de sa balance
Mit les restes du pauvre corps,
Et, dans l'autre, avec violence,
Fit entrer ses nombreux trésors.

 Les souris vont se prendre, etc.

Tu pèses moins que tes richesses,
Dit le diable, viens en enfer !
Nous y vivrons de tes largesses ;
Tes os secs feront un feu clair !
Tirez profit de cette fable,
Vous tous qui rognez sur un liard ;
Vous thésaurisez pour le diable ;
Il vous surprendra tôt ou tard.

   Les souris vont se prendre
      Au chat qui dort,
   Et chacun allait vendre
      Au peseur d'or.

Ceux de nos lecteurs qui désirent connaître l'air de cette magnifique légende peuvent se promener tous les soirs, de neuf à dix heures, rue de Provence, en tournant à gauche de la rue Lafitte, et non loin de l'hôtel Rothschild.

Ils entendront bientôt la musique railleuse descendre d'un balcon.

Certes, il faut en convenir, les œuvres

du chansonnier ne manquent pas d'une certaine portée philosophique. Après avoir consolé, soutenu l'artisan dans ses rudes travaux, il déshabille et fouette les peseurs d'or.

Dieu sait comme le siècle en abonde!

Usuriers, rogneurs d'écus, juifs de Hollande et juifs parisiens, quelle foule! Ils ont tous un lingot à la place du cœur, et un sac de gros sous leur tient lieu de cervelle.

Mais ne vous pressez pas de leur porter envie.

Un jour de hausse et de grand gain, vous verrez! vous verrez le tour que leur jouera la mort! Le diable qui toujours existe, puisque Pierre Dupont l'affirme, les mettra dans un plateau de sa balance :

Et leurs os feront un feu clair.

Ainsi soit-il !

C'est la moralité de la légende, nous y applaudissons de grand cœur.

On trouvera que nous n'avons pas suffisamment étudié Pierre Dupont au point de vue musical, et l'on n'a pas tort ; mais, en vérité, cela passe nos forces.

Il nous est impossible de comprendre ce virtuose étrange. Dupont chante comme chantent les oiseaux, sans avoir eu d'autre maître que la nature. Poëte musicien, il trouve la note en même temps que la rime et se fait accompagner à la fois de deux muses, sans qu'Erato gêne Euterpe, sans qu'Euterpe soit jalouse de sa sœur.

Nous renonçons à expliquer les miracles.

Toutefois, en y songeant bien, l'âme d'Hippolyte Monpou a dû venir se loger dans le gosier de Pierre Dupont. Cette hypothèse est la seule que nous puissions admettre. Dieu n'a pas voulu que l'art fût déshérité d'un si beau talent.

Quand Pierre Dupont chante, ne vous semble-t-il pas entendre un écho des *Deux Archers* et de l'*Andalouse* ?

Monpou ne garde sous la tombe que les secrets de la fugue et les mystères du contre-point; mais son héritier ne tient pas à connaître ces secrets, peu lui importent ces mystères. La note lui vient sans qu'il sache l'écrire; il la dicte, et tout est fini.

Chantez, maintenant!

Il faut avoir entendu Pierre Dupont pour bien apprécier tout le mérite de ses compositions originales. Son timbre, un peu voilé d'abord, s'éclaircit après quelques mesures, éclate, se passionne et monte à un diapason puissant.

Vous pouvez le faire chanter quatre heures de suite sans qu'il ressente la moindre fatigue. Jamais il ne se fait prier, son répertoire est à vos ordres.

C'est un fort beau garçon, qui n'a aucune allure prétentieuse, aucune pose mondaine. Il reste en lui du campagnard, et cela lui sied bien. Sa barbe longue, assez fournie, un peu rouge, ressemble à celle du Christ.

Franc, loyal, intrépide, il joint à ces

qualités une grande bonté de cœur, une simplicité charmante.

Doué de la santé la plus robuste, fier de sa large poitrine et de son encolure d'Hercule, il se fait l'apôtre de certain système d'hygiène, qu'il prêche à tout venant, pour faire tort aux médecins.

Quand on regarde son visage fleuri, on accepte ses doctrines.

Pierre Dupont boit comme Bacchus et Silène. Jamais il ne se grise.

Outre les couplets qu'il fabrique tous les jours, soit en arpentant l'asphalte, soit en passant la barrière pour voir mûrir les blés à Vaugirard ou pour écouter la fauvette sous les bois de Meudon, il travaille à un poëme intitulé : *Jeannette, la fille du tailleur.*

Pierre Dupont n'a pas dit son dernier mot.

Il est jeune, son talent doit grandir.

Mais, pour Dieu, qu'il se contente de la musette et des pipeaux, et qu'il ne sonne plus du cornet à bouquin politique.

Les notes qu'il tire de cet instrument sont aigres et discordantes.

Sa muse n'est pas une euménide coiffée de couleuvres, que l'on doive rencontrer hurlant, un jour d'émeute, au coin des carrefours : c'est une nymphe des prés et des bois, une douce hamadryade, qui vit de la séve des arbres ou du suc des fleurs, soupire avec les vents et murmure avec les ruisseaux.

FIN.

NOTE SUR L'AUTOGRAPHE.

Les éditeurs des *Contemporains* ont obtenu trente vers du poëme inédit de *Jeannette*, écrits de la main de Pierre Dupont. Si la dimension de nos autographes n'a pas permis de donner la tirade entière, on n'en aura pas moins un précieux *fac-simile* de l'écriture du jeune poëte.

.... de pauvres jeunes filles
Pâles comme leurs fleurs, et ne vivant qu'un peu,
Fatiguent sans repos leurs bobines en jeu,
Sans songer seulement qu'elles deviendront vieilles,
Sur de petits métiers épinglaient ces merveilles.
De ces tissus légers qui semblent faits de rien
Comme l'œuvre de Dieu, dédale aérien
Où l'œil même exercé cherche un fil d'Ariane,
Jeannette débrouillant le frêle grésil diaphane
Étudiait comment l'aiguille et le poinçon
Font le point d'Angleterre et le point d'Alençon.
Brodeuse, n'es-tu pas artiste à ta manière ?
Que tu trifles la feuille ou d'acanthe ou de lierre
La fantaisie éclose en ce frêle réseau,
Fait l'aiguille à ton doigt rivale du pinceau.

Pierre Dupont